LE SOLDAT

MAGICIEN,

OPERA-COMIQUE

EN UN ACTE;

Repréfenté pour la premiere fois fur le Théâtre de l'Opera-Comique de la Foire S. Laurent, le 14 Août 1760.

Le prix eſt de 24 ſols avec la Muſique.

À PARIS,

Chez DUCHESNE, Libraire, rue S. Jacques, au-deſſous de la Fontaine S. Benoît, au Temple du Goût.

M. DCC. LX.

Avec Approbation & Privilége du Roi.

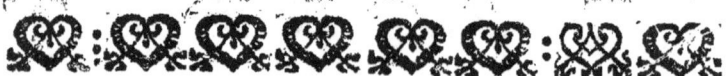

ACTEURS

$M^{R.}$ ARGANT, *Bourgeois*, M. La Ruette.

Mme. ARGANT, *sa Femme*, Mlle. Deschamps.

CRISPIN, *Valet de M. Argant*, Mlle. Luzy.

M. BLONDINEAU, *Procureur*, M. Clairval.

UN SOLDAT.   M. Paran.

UN TRAITEUR,   M. Demignaux.

La Scene est dans une Ville de Province.

LE SOLDAT MAGICIEN,

OPERA-COMIQUE.

Le Théâtre représente un Sallon dans lequel il y a une cheminée en saillie, un buffet à deux battans, une table couverte d'un tapis verd, sur laquelle on joue au Trictrac.

SCENE PREMIERE.

Monfieur & Madame ARGANT, *jouent enfemble au Trictrac.*

Mr. ARGANT.

JE n'y vois déjà plus clair, mettons-nous ici, nous ferons mieux.

DUO.

Me. Arg. Quatre & cinq.

Mr. Arg.   Non.

    Cinq & quatre.... Bon.

     A l'école,

    Cela me confole,

    Car je perdois le trou.

Me. Arg Ah ! le vieux fou !

Mr. Arg. Six, quatre....

Me. Arg.   Elle eft pour moi ;

Mr. Arg.   Tais toi.

Me. Arg.   Quatre & fix

    Font dix.

    Cinq & fix....

Mr. Arg.   A bas du bois.

Me. Arg. Que veux-tu dire ?

Mr. Arg. Ton coin bourgeois....

Me. Arg. Ah ! quel martyre !

Mr. Arg. Tu cafes mal.

Me. Arg. Oh ! le brutal !

Mr. Arg.   Double deux.

    Quel coup heureux !

    Je marque & je m'en vas.

Me. ARGANT, *fe levant.*

    Ah ! je refpire.

Mr. Arg. Quoi ? Tu t'en vas ?

Me. Arg. Ne dis-tu pas

    Que tu t'en vas ?

Mr. Arg. Allons, recommençons.

Me. Arg. Ton maudit jeu m'ennuye.

Mr. Arg. Jamais tu n'étudie.

Madame ARGANT, *vivement.*   **Mr. ARGANT ,**
                                         voulant l'inter-
                                         rompre.

Jeu déteſtable ,
Abominable ,
Oui , c'eſt le Diable
Qui t'inventa ,
Et qui dicta   Mais , mais...
Les mots barbares ,
Les mots biſarres
De Doublets ,
De Bezets ,   C'eſt un Diable.
De Baudets ,
Marjolets ;
Ternes, Quarnes, Fichets ,
Sonnèz , Quinnes , Cornets ;   Morbleu...
Enfilade , Ambezas ,
Coins , Pleins & Toutabas.
Ton École
Me déſole ;   Morbleu...
Ta Bredouile ,
M'embrouille ;
Jan qui ne peut m'aſſomme ,
        Comme
Jan de rencontre & de trois coups. ,   C'eſt le Diable.
Et je me perds dans les trous.
Va t'en au Diable ,
Jeu déteſtable.
Adieu , adieu.   Adieu , adieu.
                     (Madame Argant ſort.)

SCENE II.

Mr. ARGANT, *seul.*

OUi, va-t-en, & fuis-moi pour jamais, méchant Lutin.

Air : *Margot sur la brune.*

Quelle pétulance !
Ô Ciel ! quelle arrogance !
Quelle pétulance !
Ma foi, j'en perds l'esprit.
Hélas, que faire !
Cette megère,
Dans sa colere,
Fait tant de bruit,
Qu'à me taire elle me reduit.

Air : *Je sens le souper qui m'attend.*

Cependant, écoutez Madame,
C'est moi qui mérite le blâme ;
Elle est douce comme un mouton.
Quelle douceur !... ah ! j'en enrage :
Un tel mouton dans un ménage
Est cent fois pire qu'un Dragon.

ARIETTE.

O femmes traîtresses,
Vos fausses caresses,

Vos belles paroles ,
Trompeuſes , frivoles ,
Sont comme un trébuchet
Où les plus aviſés ſe trouvent pris tout net.
Un doux ſourire ,
Nous flate , nous attire ;
Une mine
Enfantine ,
Nous lutine ;
Diſcours poli ,
Tendre langage ,
Sont mis en uſage ;
,, Mon cher cœur , mon ami ;
,, Petit fils , petit Roi ,
,, Regardez-moi !
,, Eh ! quoi ?
,, Vous faites le cruel ;
C'eſt tout ſucre & tout miel.
O femmes traîtreſſes , &c.

Ne ſoyons point aſſez foibles pour plier.
La rigueur morbleu , la rigueur eſt le frein
qu'il faut oppoſer aux caprices du ſexe....
Voilà qui eſt fini , je vais dorénavant m'ar-
ranger de façon.... (*Il appelle.*) Criſpin....

CRISPIN , *ſans être vû.*
Monſieur.

M. ARGANT , *à part.*
Voyons à paſſer quelque part une ſoirée
moins déſagréable.

A iv

SCENE III.

M. ARGANT, CRISPIN.

M. ARGANT.

DOnne-moi ma canne & mon chapeau.

CRISPIN.

Eſt-ce que vous allez ſortir ?

M. ARGANT.

Ma canne & mon chapeau, te dis-je.

(Criſpin ſort.)

M. ARGANT, *continuant de parler.*

Il n'y a pas moyen d'y tenir. (*Criſpin apporte ce qu'il demande.*) Fort bien. Écoute, Où eſt ma femme ?

CRISPIN.

Madame ? Je la croyois avec vous.

M. ARGANT.

Avec moi ? Elle y eſt le moins qu'elle peut : Je ſuis un Diable à ſes yeux.

CRISPIN.

Hin ! hin ! vous le faites affez pour que cela foit.

M. ARGANT.

Que veux-tu dire.

CRISPIN.

Air : *A pied comme à cheval.*

Votre Epoufe entre nous
Mérite un fort plus doux ;
Vous lui montrez, Monfieur,
   Trop de rigueur.
Vous combattez tous fes defirs,
Vous lui rognez tous fes plaifirs,
Toujours grondant matin & foir,
Veut-elle blanc, vous voulez noir,
La pauvre femme fait peine à voir.
Mais craignez fon défefpoir.

M. ARGANT.

Qu'entends-tu par-là ?

CRISPIN.

Tenez, Monfieur.

ARIETTE, Notée, n°. 1.

Femme qu'on offenfe,
Songe à la vengeance ;

Femme qu'on offenfe
Se venge à la fin.
L'Epoux le plus fin
Veut lutter en vain
Contre fon maudit Deftin.
Par fa défiance
Des malheurs qu'il craint tant ,
Il preffe le moment.
Galans,
Séduifans ,
Lui content fleurette ;
La Poulette
D'abord les rejette ,
Puis elle y prend goût ;
Elle plante là fon hibou ,
Et s'en va chanter cocodette,
Tandis qu'il fait feul le coucou.

M. ARGANT.

Effectivement je trouve que tu as raifon , &....

CRISPIN.

Vous vous fiez fur fa vertu....

M. ARGANT.

Non , par la fambleu , je ne m'y fie pas.

CRISPIN.

C'eft ce qui fait...

M. ARGANT.

C'eft ce qui fait que j'aurai plus que jamais l'œil fur fa conduite. Ecoute , Crifpin....

CRISPIN.

Monfieur.

M. ARGANT.

J'ai toujours eu de la confiance en toi.

CRISPIN.

Monfieur....

M. ARGANT.

Il faut que tu me donnes en cette occafion des preuves de ton zèle.

CRISPIN.

Monfieur....

M. ARGANT.

Je fçaurai t'en récompenfer.

CRISPIN.

Monfieur....

M. ARGANT.

Obferve toutes les démarches de ma femme, & rends-moi un compte exact de tout ce qui fe paffe ici ; je fors , fonge à ce que je t'ai dit , & furtout que ma femme n'en fçache rien.

CRISPIN , *l'arrêtant*.

Avec votre permiffion , s'il vous plaît ; une femme à garder , & puis encore un fe-cret : c'eft bien de l'ouvrage au moins.

M. ARGANT.

Hé , bien ?

CRISPIN.

Je ne réponds pas de pouvoir y fuffire;

M. ARGANT.

D'où vient ?

CRISPIN.

Il me prendra des démangeaifons de parler.

M. ARGANT.

Tiens .... voilà pour les faire paffer.

(*Il lui donne une bourfe.*)

Air : *Du Gourdin* , Noté , n°. 2.

Je puis donc compter fur toi ?

CRISPIN.

Vous pouvez compter fur moi.

Je ferai pis qu'un Cerbere ;
Quand je me mets en colere ;
La Duegne la plus févere
Aux galans fçait moins faire la guerre :
À bons coups de gourdin ,
Vous verrez Crifpin
Les mener grand train.   (*bis.*)

M. ARGANT.

Cela fuffit. Adieu.... Motus.

SCENE IV.

CRISPIN , *feul.*

BON, le voilà parti.
(*Il renverfe la bourfe dans fon chapeau.*)

ARIETTE.

Quel Démon favorable
L'a rendu fi traitable ?
                (*Il compte fon argent.*)
Un, deux, trois , quatre, cinq & fix,
Sept , huit , neuf & dix.
Ah ! l'honnête homme !
La belle fomme !
Moi, je n'entends raifon

Que de cette façon.

(Il compte encore.)

Un, deux, trois, quatre, cinq.... Ah ! l'honnête
    homme !

Cinq, six, sept, huit & neuf.... Il en sera tombé,
    Ou je me suis trompé.
    Comptons encor toute la somme.
    Un, deux, trois, quatre, cinq & six,
    Sept, huit, neuf & dix.
    Le compte est juste ; ah l'honnête homme !
    La belle somme !
    Moi, je n'entends raison
    Que de cette façon.

Mais ne me suis je point trop engagé ?
Au reste, il en arrivera ce qui pourra, &
pourvu que j'y trouve mon compte....
Mais j'entends du bruit.... Oh ! oh ! que
nous veut cet Alguafil ?

SCENE V.

UN SOLDAT, CRISPIN.

LE SOLDAT.

Bon jour , l'ami; ferviteur.

CRISPIN.

Que demandez-vous?

LE SOLDAT.

M. Argant.

CRISPIN.

Il eft forti.

LE SOLDAT.

N'importe.

CRISPIN.

J'ai ordre de ne laiffer entrer perfonne.

LE SOLDAT.

Et moi , j'ai ordre de coucher ici,

CRISPIN.

Coucher ici !

LE SOLDAT.

Oui, & voilà mon billet.

CRISPIN.

Un inftant donc, je vais avertir Madame.

LE SOLDAT, *l'arrêtant.*

Eft-elle jolie, Madame?

CRISPIN.

Qu'eft ce que cela vous fait?

LE SOLDAT.

Et la foubrette eft-elle cruelle? tu fçais cela, toi? hein? Allons, touche-là, je veux que nous faffions connoiffance.

CRISPIN.

Volontiers, vous me paroiffez un bon vivant.

LE SOLDAT.

Tu m'as l'air auffi d'un bon enfant.

CRISPIN.

Oh! moi, je ne cherche qu'à faire plaifir à tout le monde.

LE

LE SOLDAT.

C'eft bien fait.

CRISPIN.

Et furtout aux gens de guerre, car je les aime.

LE SOLDAT.

C'eft preuve de ton bon goût.

CRISPIN.

Oh oui, il n'y a perfonne qui les aime, & qui les plaigne plus que moi.

LE SOLDAT.

Les plaindre ! pourquoi donc ?

CRISPIN.

Ma foi, c'eft qu'ils ont bien du mal.

LE SOLDAT.

Va, va, le plaifir paffe la peine.

ARIETTE.

Pour un Soldat
Qui veut avec éclat,
Signaler fon courage ;

B

Le tapage,
Le carnage,
Ont des appas.
Tranquille au milieu des combats,
Malgré la bombe
Qui tombe,
Et se brise en éclats ;
Les grenades,
Petarades,
Carabines,
Coulevrines,
Bayonnettes,
Escopettes,
Hallebarde & mousqueton,
Rien ne l'inquiette ;
Comme au son d'une musette,
Il danse au bruit du canon
Patapon, pon.

SCENE VI.

LE SOLDAT, CRISPIN, Me. ARGANT,

Me. ARGANT.

QUE fait ici ce soldat ?

CRISPIN.

Il vient loger.

Me. ARGANT.

Où donc eft mon mari ?

CRISPIN.

Il eft forti.

Me. ARGANT.

Mais je ne reçois perfonne en fon ab-
fence.

LE SOLDAT.

Ne craignez rien Madame, vous n'au-
rez pas lieu de vous plaindre de moi.

Me. ARGANT.

Je le crois.

LE SOLDAT.

Ce n'eft que pour une nuit, nous ne
faifons pas féjour en cette ville.

Me. ARGANT.

En ce cas là, Crifpin, mene-le dans
la chambre ici-deffus.

LE SOLDAT, à Crifpin.

Dis moi donc, y a-t-il loin de-là à la
cuifine ?

B ij

CRISPIN.

Pourquoi ?

LE SOLDAT.

C'eſt que nous y aurions fait une pauſe.

CRISPIN

Ah ma foi, mon ami, je ſuis bien fâché, mais il n'y a rien.

LE SOLDAT.

Je puis donc m'aller coucher quand je voudrai, je ne mourrai pas d'indigeſtion.

(*Ils ſortent*).

SCENE VII.

Me. ARGANT *ſeule.*

MON mari eſt ſorti, quel bonheur ! en voilà ſans doute pour juſqu'à trois heures du matin. Ah ! tant mieux, ſa préſence n'eſt pas aſſez agréable pour ſe faire déſirer.... Voilà donc à quoi ſe réduit le mariage ; & le prix qui nous revient du ſacrifice de notre liberté !

ARIETTE.

Tous les vœux d'une fillette
Ont l'hymen pour premier objet,
Ardemment elle souhaite
Les plaisirs qu'elle s'y promet,
La pauvrette, la pauvrette,
Ne sçait gueres ce qu'elle fait.
Elle en rêve, s'inquiette,
De ses discours c'est le sujet.
La pauvrette, ah ! la pauvrette
Ne sçait gueres ce qu'elle fait.
Du jour du mariage
Commence son tourment,
Dans l'Epoux qui l'engage
Elle trouve un tyran.
Un jaloux surveillant,
Qui sans cesse l'obséde,
La contredit, l'excéde ;
Elle s'en plaint en vain :
A son triste destin,
Il n'est plus de reméde.
Tous les vœux d'une fillette
Ont l'Hymen pour premier objet,
La pauvrette, ah ! la pauvrette
Ne sçait pas ce qu'elle fait.

SCENE VIII.

Me. ARGANT, CRISPIN.

Me. ARGANT.

Qu'as-tu fait de ce Soldat ?

CRISPIN.

Je l'ai niché là-haut, dans le galetas.

Me. ARGANT.

Mr. Argant viendra-t-il fouper ?

CRISPIN.

Je n'en fçais rien.

Me. ARGANT.

T'a-t-il dit où il alloit ?

CRISPIN.

Non.

Me. ARGANT.

T'a-t-il parlé de moi ?

CRISPIN.

Oui.

Me. ARGANT.

Que t'a-t-il dit ?

CRISPIN.

Il m'a dit..... il m'a dit, ce qu'il a voulu.

Me. ARGANT.

Paroît-il se repentir de la façon dont il me traite.

CRISPIN.

J'ai voulu lui parler là-dessus, mais il m'a prouvé si clairement qu'il avoit raison, que je n'ai pu m'empêcher d'en convenir.

Me. ARGANT.

Qu'est-ce à dire ?

CRISPIN.

Oui, & en conséquence, nous avons pris certains arrangemens.

Me. ARGANT.

Tu te moques, je pense.

CRISPIN.

Non vraiment, il m'a donné ordre de

B iv

lui rendre compte de toutes vos démarches.

Me. ARGANT.

Mais tu n'en feras rien.

CRISPIN.

Ne craignez rien.

Air : *Sur le Pont d'Avignon.*

J'ai flaté ſes deſirs ; mais d'un zele ſincere,
Vous me verrez toujours attentif à vous plaire.

Je crois appercevoir cet honnête Procureur de votre connoiſſance.

Me. ARGANT.

Mr. Blondineau, c'eſt lui-même : il m'a demandé permiſſion de venir ici, pour me faire part de quelques affaires.

CRISPIN.

De quelques affaires..... Fort bien ; fort bien.

SCENE IX.

BLONDINEAU, Me. ARGANT, CRISPIN.

BLONDINEAU.

MADAME, je viens remplir les claufes obligatoires de notre derniere entrevûe.....
Vous ne vous infcrirez pas en faux contre mon zele.

Me. ARGANT.

Vous êtes de parole, Mr. Blondineau.

CRISPIN.

Ce a n'eft pas peu de chofe, pour un Procureur.

Me. ARGANT.

Hé bien, Monfieur, qu'avez-vous à me dire ?

BLONDINEAU.

Les points de fait que j'ai à vous communiquer, demanderoient..... Ne pourrais-je vous entretenir clandeftinement ?

CRISPIN.

Clandeſtinement ! Qu'eſt-ce à dire?

Me. ARGANT.

Vous pouvez parler librement, Monſieur.

CRISPIN.

Oui, j'ai l'honneur d'être le confident de Madame.

BLONDINEAU.

Vous ſçavez le vif intérêt que je prends à ce qui vous regarde.

Me. ARGANT.

Je vous remercie.

BLONDINEAU.

Je vois avec douleur l'état malheureux où vous réduit votre mari..... Pardonnez......

Me. ARGANT.

Ah ! Monſieur.....

BLONDINEAU.

Votre ſituation me touche à un point....

CRISPIN

Un Procureur compatiſſant !

BLONDINEAU.

Je crains de devenir indiſcret.

Me. ARGANT.

Ah ! Monſieur, c'eſt pis que jamais.

ARIETTE.

Non, je ne puis vous dire
L'excès de mon martire.
Je paſſe les jours à languir,
Et les nuits à gémir.
Un rien excite ſa colere
C'eſt chaque jour nouveaux tracas ;
Quand je lui parle, il me fait taire ;
Quand je me tais, autres débats.
Il eſt jaloux, il eſt avare,
Hargneux, fâcheux, brutal, biſarre ;
Enfin en lui ſont réunis
Les défauts de tous les maris.
Non, je ne puis vous dire, &c.

BLONDINEAU.

Que vous méritez peu de ſi injuſtes trai-
temens ! ah ! Madame.... il me reſte enfin à
vous expliquer..... Mais le tems.....

Me. ARGANT.

Avez vous quelques affaires qui vous preffent, foupez ici.

CRISPIN, *la tirant par la robe.*

Avec quoi s'il vous plaît?

Me. ARGANT.

Vois, trouve nous quelque chofe.

CRISPIN.

Attendez, je vais chez un traiteur de mes amis.

Me. ARGANT.

Oui.

BLONDINEAU, *donnant fecrettement de l'argent à Crifpin.*

Tiens, fais les chofes comme il faut, & ne t'inquiette pas.

Me. ARGANT.

Que faites-vous donc là?

BLONDINEAU.

Rien, Madame, rien.

(Crifpin fort.)

SCENE X.

BLONDINEAU, Me. ARGANT.

BLONDINEAU.

EN vérité, Madame, plus je réfléchis fur la nature de votre engagement, plus je vois qu'il eſt des moyens de vous affranchir du joug.

Me. ARGANT.

Comment cela?

BLONDINEAU.

Les Loix vous en offrent deux. Le premier feroit une belle & bonne féparation de corps & de biens...

Me. ARGANT.

Une féparation! quel expédient me propofez-vous là?

BLONDINEAU.

Vous avez raiſon, cela ne fuffiroit pas, & malgré les torts de votre mari vis-à-vis de vous.

Air : *Des petits ballets.*

En vous féparant d'avec lui,
Vous n'en auriez que plus d'ennui :
En vous féparant d'avec lui,
En feroit-il moins votre mari ?
Un époux a des droits fur fa femme ;
Il faudroit, pour éviter le blâme,
D'un himen affreux
Supporter les nœuds,
Et malgré vos defirs
Renoncer aux plaifirs.
En vous féparant d'avec lui, &c.

Me. ARGANT.

Vous déraifonnez, M. Blondineau.

BLONDINEAU.

Non, Madame, non. Il vaut donc mieux
aller au fait tout d'un coup, attaquer le
mal dans fa fource, & quand même l'af-
faire fouffriroit quelques difficultés, je ne
fuis pas Procureur pour rien, je les leverai moi, je les leverai, je vous en réponds.

Me. ARGANT.

Eh ! quel eft votre but ?

BLONDINEAU.

De vous faire contracter un mariage mieux afforti.

ARIETTE, Notée n°. 4.

L'Himen eft à craindre,
Un cœur eft à plaindre
De fentir fes coups ;
De fa fauffe yvreffe,
Des traits dont il bleffe ;
On eft peu jaloux :
Mais de fes nœuds charmans & doux
Que la chaîne feroit légere
Pour un cœur tendre & fincere ;
Qui la porteroit avec vous !

Laiffez feulement agir mon zele.

Me. ARGANT.

Vous le pouffez trop loin.

BLONDINEAU.

Ah ! fi vous connoiffiez celui pour qui je vous fais inftance, peut-être changeriez-vous de fentiment.

Me. ARGANT.

Songez donc à l'éclat que cela feroit dans le monde, je me verrois timpanifée.

BLONDINEAU.

Si toutes les femmes penfoient comme vous, les pauvres Procureurs mourroient de faim. Je n'ai cependant pas l'ame intéreffée ; non Madame, je ne vous demande pour toute reconnoiffance qu'une petite place dans votre cœur.

Me ARGANT.

Cela eft trop galant.

BLONDINEAU.

ARIETTE.

Sur ma requête à votre tour ;
Daignez faire droit en ce jour :
Pour vous je meurs, je meurs d'amour ;
Mon fecret
M'échappe à regret ;
Mais, Madame,
L'amour dont mon ame
Suit la loi
Eft plus fort que moi.
Secondez l'efpoir qui m'anime ;
De mes feux fans me faire un crime ,
Dites, pour m'en donner le prix,
Soit fait ainfi qu'il eft requis.

Me. ARGANT.

Et moi, je dis néant.

BLONDINEAU.

BLONDINEAU.

Mal jugé, j'en appelle.

Me. ARGANT.

A quel tribunal ?

BLONDINEAU.

A mon amour.

Me. ARGANT.

Allez, votre amour eft fou, je l'in-
terdis.

BLONDINEAU *lui prenant la main.*

Il s'en relevera.

Me. ARGANT.

Modérez-vous donc.

BLONDINEAU.

Cette main eft ma prifonniere.

Me. ARGANT.

Lâchez-moi, fi quelqu'un venoit....

BLONDINEAU.

Que me donnerez-vous pour fon élar-
giffement ?

C

Me. ARGANT.

Ahi, vous m'impatientez.

BLONDINEAU.

Un petit baiſer.

Me. ARGANT.

Ah quel extravagant !

BLONDINEAU.

Là.... par proviſion, en attendant ju-
gement définitif.

D U O, parodié.

Me. ARGANT	BLONDINEAU.
Ah ! finiſſez de grace ,	Pardonnez mon audace.
Mais , mais , Monſieur, ah !	Que craignez vous ,
finiſſez de grace.	Recevez mon hommage ;
	Vengez-vous d'un jaloux ,
	Il n'eſt rien de ſi doux.
Qui moi ?	Oui vous.
C'eſt badinage.	Et non, non, non.
	C'eſt tout de bon.
Hé bien ! tant pis pour vous.	Votre rare beauté
	Fait mon excuſe.
Mais , mais en vérité	Je ſuis de bonne foi ;
Monſieur s'amuſe.	Rendez mon ſort heureux en
	vous donnant à moi.
A vous ?	A moi.
Mais , mais en vérité	De votre liberté
Êtes vous ſage.	Faites uſage.
Et non, non , non.	J'ai toute ma raiſon.
Songez-vous	
Qu'un Epoux	
Toujours m'engage ?	
Ah ! c'eſt l'uſage.	Il vous outrage.

Me. ARGANT.

Taifez-vous, j'apperçois Crifpin ; je ferois fâché qu'il fût témoin de vos folies.

SCENE XI.

BLONDINEAU, Me. ARGANT, CRISPIN, *un Traiteur & fon Garçon.*

CRISPIN.

VOILA le fouper prêt, quand vous voudrez on fervira.

Me. ARGANT.

Quand tu voudras toi-même.

CRISPIN *aux Traiteurs.*

En ce cas-là, tout à l'heure. Allons vivans, approchés cette table, & aidez-moi.

Me. ARGANT.

Qu'eft-ce que tu nous a commandé ?

CRISPIN.

Rien, j'ai pris ce que j'ai trouvé.

C ij

Me ARGANT.

Il y paroit.

LE TRAITEUR.

Madame, j'espere que vous serez contente.

BLONDINEAU.

C'est bien, c'est bien.

CRISPIN *aux Traiteurs*.

Allons décampés, que je ferme la porte.

SCENE XII.

Me. ARGANT; BLONDINEAU;
CRISPIN.

Me. ARGANT.

Air : *Ma mie Babichon*.

Monsieur sans façon,
Placés-vous donc,

BLONDINEAU.

Non

Après vous.

Me ARGANT.

Non.

BLONDINEAU.

De grace.

Je fçais mon devoir,
Je ne puis m'affeoir
Si vous n'êtes en place.

Me ARGANT *s'affeyant.*

Puifque vous le voulez abfolument.

BLONDINEAU, *fe mettant à table.*

Air : *Vous qui donnez de l'amour.*

Au plaifir que je reffens
Rien n'eft comparable ;
Qu'avec vous à table
Je paffe de doux momens !
Ce jour favorable
Charme tous mes fens.

Me. ARGANT.

Quittez ce ton doucereux ;

BLONDINEAU.

Cachez moi donc vos beaux yeux,
Ces yeux où je puife tant de feux.
Ah quel plaifir je reffens
Près de vous à table. . . .
(*Mr. Argant frappe en dehors.*)

C iij

CRISPIN.

Chut, je crois qu'on a frappé!

Me. ARGANT.

Ecoutons.

CRISPIN.

C'eft ici, attendez, je vais voir ce que c'eft.

Me. ARGANT.

Oh! je m'en doute bien.

BLONDINEAU.

Quel contretems!

T R I O.

CRISPIN revenant.	BLONDINEAU.	Me. ARGANT.
Ahi, ahi, tout eft perdu.	Que dis tu?	Que dis tu?
C'eft votre mari.		Mon mari.
	Votre mari! Je fuis trahi.	
à Me. Argant. Faut-il ouvrir?		Non, non
	Où fuir? Au Cabinet?	
		S'il vous trouvoit Il vous tueroit.
Il vous tueroit.	Il me tueroit!	
		Il frappe encor Plus fort.
Ah je fuis mort!	Ah je fuis mort!	

BLONDINEAU.

Que devenir ?

Me. ARGANT.

Crifpin.

CRISPIN.

Madame.

Me. ARGANT.

Monfieur.

BLONDINEAU.

Jufte Ciel !

CRISPIN.

Attendez.... Chut.....

BLONDINEAU.

Hé bien !

CRISPIN.

Il me vient...

Me. ARGANT.

Vîte mon cher...

BLONDINEAU.

Si tu pouvois...

CRISPIN.

Fort bien... m'y voilà. (à Me. Argant.)
Ouvrez vîte ce buffet.... vous Monfieur,
prenez ces plats, ces affiettes....

C iiij

BLONDINEAU.

Que veux-tu que j'en fasse?

CRISPIN.

Dépêchons; ferrez, ferrez au plutôt.

BLONDINEAU.

Où?

CRISPIN.

Dans ce buffet.

BLONDINEAU.

Et moi?

Me. ARGANT,

Et Monsieur?

CRISPIN.

Vous... dans la cheminée.

BLONDINEAU.

Mais...

CRISPIN.

Mais; ne craignez-vous pas de vous noircir?

Me. ARGANT,

Hé Monsieur!....

CRISPIN.

Allons , ne faut-il pas pour cela faire une confultation?

BLONDINEAU.

(*Il entre dans la cheminée.*)

Ah! je me réfous à tout.

CRISPIN,

Ne remuez pas.... vous, Madame; prenez ce livre.

Me. ARGANT.

Que lui répondre? Oh le jaloux! que je fuis malheureufe !

(*Elle fe remet fur une chaife auprès de la table, un livre à la main.*)

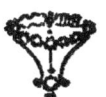

___

SCENE XIII.

Mr. ARGANT, Me. ARGANT, CRISPIN.

Mr. ARGANT.

ARIETTE,

Hé bien faquin,
Jusqu'à demain
Voulois-tu me laisser dans la rue
Faire le pié de grüe ?
Voyez s'il me répond ;
Dis donc, bourreau, dis donc ?
Il ne dit mot
Le maître sot.
Et vous, Madame,
Vous trouviez du plaisir
A me faire languir,
Oh ! la bonne ame !
Pourquoi ne pas m'ouvrir ?
Ils gardent le silence !
Oh la maudite engeance !
Jamais
Ni Femmes, ni Valets
Ne vous laissent en paix.

(A Crispin.)

Parleras-tu enfin ?

CRISPIN.

C'eſt que...

Me. ARGANT.

C'eſt que...

Mr. ARGANT.

C'eſt que, c'eſt que...

CRISPIN.

Nous ne vous avions pas entendu.... Je ne trouvois pas la clé.... la précipitation.... pour....

M. ARGANT.

Ta, ta, ta, voilà de belles excuſes.

CRISPIN.

D'ailleurs nous étions dans la méditation de certain chapitre.

Mr. ARGANT.

Hein?

CRISPIN.

Oui... Monſieur, regardez plûtot, nous en étions au *Jan de retour.* *

Me. ARGANT.

Oui mon cher ami.

* *Terme de Trictrac.*

M. ARGANT.

Hun !... & mon fouper ?

Me. ARGANT.

Vous n'aviez pas dit que vous reviendriez.

M. ARGANT.

Qu'eft-ce que cela fait ?

Me. ARGANT.

Nous ne vous attendions pas,

CRISPIN.

Oui, Madame & moi nous avons mangé chacun notre pomme cuite. (*à part.*) le voilà bien puni de fes foupçons.

M. ARGANT, *à part à Crifpin.*

Ecoute, n'eft-il venu perfonne ici,

CRISPIN.

Non, Monfieur, fi ce n'eft un Soldat qui eft venu loger par étape.

M. ARGANT.

Qu'eft-ce que c'eft que ce Soldat ?

CRISPIN.

Ce Soldat ? c'eft un Soldat,

SCENE XIV.

Mr. & Me. ARGANT, CRISPIN, LE SOLDAT.

LE SOLDAT.

VOTRE ferviteur, mon cher hôte.

M. ARGANT.

C'eft donc là lui ?

LE SOLDAT.

Je vous demande pardon ; fi je vous importune, mais ce n'eft pas ma faute.

M. ARGANT.

Oh, Monfieur, il n'y a pas de quoi.

LE SOLDAT.

Voici l'ordre qui me procure l'honneur de vous faire la révérence.

M. ARGANT *lit le billet.*

C'eft à merveille, vous a-t-on donné une chambre ?

RÉCITATIF.

O vous qui préfidez aux repas des gourmands,
Maîtres d'Hôtel, Officiers, Intendans,
Dont le nombre en Enfer, ainfi que dans ce monde
abonde.
Démons foumis à mes loix,
Accourez à ma voix,
Quittez un moment la cuifine
De Proferpine,
Pour affouvir la faim canine
D'un honnête Bourgeois.
Dans ce buffet que l'on trouve à l'inftant
Un alloyau fucculent,
Deux Lapins de garenne,
Un paté de Perdrix,
Un Gigot en hachis,
Et d'Ortolans une douzaine;
Joignez fix bouteilles de vin
Du Bourgogne le plus fin :
Pour le deffert vin de Champagne
Et d'Efpagne,
En eft-ce affez ?
(*Les autres répondent oui par figne.*)
C'en eft affez,
Démons obéiffez.

ARIETTE.

Ouvrez, ouvrez,
Et par l'effet vous jugerez;
Si ma parole
Eft frivole,
Rien ne balance
Ma puiffance,

Ouvrez,

Ouvrez, ouvrez,
Par l'effet vous en jugerez.

CRISPIN.

Je n'ofe pas.

Me. ARGANT.

Ni moi.

Mr. ARGANT *tremblant.*

Ah ! Je n'ofe pas non-plus.

LE SOLDAT *à Crifpin.*

Vas donc.

CRISPIN.

J'ai trop peur.

LE SOLDAT.

Tout cela va fe refroidir.

Me. ARGANT.

Je ne fçai que penfer.

CRISPIN *au Soldat.*

Ouvrez vous-même.

LE SOLDAT *ouvrant le buffet.*

Voilà bien des façons. Tenez.

M. ARGANT.

Air : *Du Précepteur d'Amour.*
O Ciel !

Me. ARGANT.

Je tombe de mon haut.

D

M. ARGANT,

Qu'eft-ce que cela fignifie?

LE SOLDAT.

Mangeons pendant qu'il eft chaud.

Me. ARGA▉T *à part.*

Ceci paſſe la raillerie.

LE SOLDAT.

Ne perdons point de tems, croyez-moi.

Air : *Vîte à Catin un verre.*

Çà mettons-nous à table
Et buvons à longs traits.

CRISPIN *à Me. Argant.*

Il a commerce avec le Diable,
Ou le Drôle ſçait nos ſecrets.

LE SOLDAT *à Me. Argant.*

Air : *Tous vos apprêts.*

Ne craignez rien,
Mon deſſein
N'eſt point de vous faire du chagrin.
Allons, Criſpin,
Vîte en train,
Car je meurs de faim.
Attends, je vais t'aider.

*Criſpin & le Soldat couvrent
la table.*

M. ARGANT *à sa femme.*

Il faut se garder
De toucher ces mets.

LE SOLDAT.

Le vin est-il frais ?

A M. & à Me. Argant.

Venez, s'il vous plaît,
Tout est prêt.

Hé ! bien, vous n'osez pas ! il faut donc
que je vous montre l'exemple.

Il se met à table.

Me. ARGANT *se plaçant.*

Le courage me revient un peu.

M. ARGANT *voulant la retenir.*

O Dieux ! est-il possible ? Ma femme !

LE SOLDAT.

Votre femme, votre femme ! elle n'en
mourra pas, ni vous non - plus : faites
comme elle.

Me. ARGANT *se plaçant.*

Soit, mais je ne mangerai pas.

QUATUOR.

LE SOLDAT. M. ARGANT. Me. ARGANT. CRISPIN.

LE SOLDAT	M. ARGANT	Me. ARGANT	CRISPIN
Découpez donc.	Comment peut-on?	Oh! le poltron!	Cela sent bon.
Goûtez de ce mouton.	Non, non; non, non.		
	à Crispin.		
Mangez donc.	Tiens, mange donc, glouton.		Cela sent bon. Fort bon,
Point de façon.		Oh! le poltron! Mangeons....	Très-bon.
	Je n'ai pas faim.		
Goûtons toujours le vin.			
Verse, l'ami Crispin.			Oui-dà, tout plein.
		Goûtons le vin.	
Mangez de ce lapin.	Je n'ai pas faim.		
Un peu de ce paté.		Un morceau D'aloyau.	
	Comment pouvez-vous Manger des ragoûts D'une cuisine in-fernale?		
Buvons à la santé De celui qui nous regale.	Buvons à la santé De celui qui nous regale.	Buvons à la santé De celui qui nous regale.	Buvons à la santé De celui qui nous regale.
		Mangez-donc.	
Pour moi j'avale Jusqu'à demain.	Je n'ai plus faim.	Le tour est fin.	Pour moi j'avale Jusqu'à demain.

LE SOLDAT.

Avouez qu'il fait bon avoir des amis

par-tout : vous n'auriez pas ſi bien ſoupé,
ſi le Diable ne s'en fût mêlé.

M. ARGANT.

Quoi ! ſérieuſement c'eſt le Diable ?

LE SOLDAT.

Vous en doutez encore , je parie que
Madame a plus de confiance que vous.

Me. ARGANT.

Ah ! ne me parlez pas de cela, vous me
faites des peurs terribles.

LE SOLDAT.

Oh ! ce Diable-là n'eſt pas méchant. Si
vous ſçaviez l'amitié qu'il a pour Madame.... & pour vous , vous en feriez
étonné.

Me. ARGANT.

Je l'en remercie , je l'en remercie.

LE SOLDAT.

Il me prend envie de vous le faire
voir.

Me. ARGANT *vivement.*

Ah ! n'en faites rien.

D iij

LE SOLDAT.

Quoi ! vous ne feriez pas bien aife de voir celui qui vous a fi bien régalé !

CRISPIN *à part.*

Pour le coup ce feroit bien le Diable.

Me. ARGANT.

Et non, non, je vous prie.

M. ARGANT.

Monfieur le Magicien épargnez-moi cette vûe.

LE SOLDAT *fe levant.*

C'eft une chofe indifpenfable, ce qu'il a fait pour nous mérite bien un re-mercîment.

Me. ARGANT *à Crifpin.*

Crifpin, je fuis trahie.

CRISPIN.

Maudit Soldat !

LE SOLDAT.

Ouvrez feulement toutes les portes, il s'en ira tranquillement : furtout que rien ne l'arrête, ou je ne réponds pas des fuites.

CRISPIN, *ouvrant les portes.*

Oh ! s'il ne tient qu'à ça !

LE SOLDAT.

Sous quelle forme voulez-vous qu'il
paroiffe?

Mr. ARGANT.

Eh ! je ne veux pas le voir.

Me. ARGANT.

Je ne veux pas le voir.

LE SOLDAT.

RECITATIF.

Invifible lutin, qui tapi dans un coin,
De tout ce qui fe paffe, es ici le témoin;
Pour la derniere fois, écoute,
Seconde à propos mon deffein,
Ou redoute
Mon pouvoir fouverain.
Tu vois bien, qu'en ces lieux tu n'as plus rien
à faire;
Mais pour ne point caufer de peur
A Madame, ainfi qu'à Monfieur,
Prends la forme d'un Procureur,
Elle ne t'eft point étrangere;
Sors, les chemins te font ouverts,
Sors, & retourne aux Enfers.

(Le Procureur fort de la cheminée où il étoit ca-
ché, & s'enfuit.)

Mr. ARGANT épouvanté, fe jette dans un
fauteuil.

Air : Des Trembleurs.

Je l'ai vû, mon fang fe glace,
Comme il faifoit la grimace !

D iv

Crispin.... Monſieur..... Ah ! de grace,
Mes amis, ſecourez-moi.

LE SOLDAT *à Me. Argant*,

Etes-vous au fait, maintenant.

Me. ARGANT.

Oui, je commence à comprendre.

Mr. ARGANT.

Suite de l'air.

Chere femme !....

Me. ARGANT *affectant la plus grande*
frayeur, ſe jette auſſi dans un fauteuil.

Ah ! je me pâme.

CRISPIN.

La voilà. La bonne Dame
N'en peut plus.

Mr. ARGANT.

Ma chere femme !

Me. ARGANT.

Mon mari, je meurs d'effroi.

Mr. ARGANT *toujours aſſis.*

Air : *Des échos Italiens.*

As-tu remarqué ſa forme ?

Me. ARGANT.

Sa forme !

Mr. ARGANT.

As-tu vu ſa tête énorme ?

Me. ARGANT.

Enorme !

Mr. ARGANT.

De ſes yeux,
Sortoient des feux.

Me. ARGANT.

Des feux !

LES AUTRES *riant.*

Des feux !

Mr. ARGANT.

Quel aspect funeste !

TOUS TROIS.

Peste ! peste !

Mr. ARGANT.

Ah ! je suis mort.

Me. ARGANT.

Quoi!

Mr. ARGANT.

Je croi,
Le voir encor.

Me. ARGANT, *criant.*

Encor !

Mr. ARGANT.

Encor.

LES AUTRES *riant.*

Encor !

LE SOLDAT.

Ne craignez rien, il est sorti, pour ne
plus revenir.

SCENE XV.

Les mêmes, LE TRAITEUR.

CRISPIN *voyant entrer le Traiteur.*

EH ! non, non, le voilà.

Mr. ARGANT.

Qui ? quoi ? qu'eſt-ce ?

CRISPIN *à part.*

Quel embarras ! (*à Me. Argant.*) Le Traiteur. . . . .

Me. ARGANT.

Eſt-ce que tu ne l'as pas payé ?

CRISPIN.

Jarni, je l'ai oublié.

LE TRAITEUR *à Mr. Argant.*

Monſieur. . . . .

LE SOLDAT *à part.*

Je ne m'attendois pas à cela.

Mr. ARGANT.

Que voulez-vous ?

LE TRAITEUR.

Je viens ſçavoir ſi vous êtes content.

Mr. ARGANT.

De quoi ?

LE TRAITEUR.

De votre ſouper.

Mr. ARGANT.

Qu'eſt-ce que cela veut dire ?

LE TRAITEUR,

Cela veut dire, que je viens voir ſi vous êtes content de votre ſouper, & que je vous en apporte le mémoire.

Mr. ARGANT au Soldat.
Mr. le Magicien?....

Le SOLDAT embarraffé.

J'entends bien.... Le mémoire.......
(à part.) Me voila pris.

Mr. ARGANT.
Vous difiez que c'étoit le Diable.

LE SOLDAT.
Sans doute.... En voilà bien la preuve.

CRISPIN à part.

Oh! furement, le Diable ne me feroit
pas plus de peur.

Me. ARGANT au Soldat.
Comment fortir de ce pas?

LE SOLDAT à Mr. Argant.

Je vous ai fait donner à fouper, mais
je ne vous ai pas dit qu'il ne vous en cou-
teroit rien.

LE TRAITEUR.
Cela ne feroit pas jufte. Monfieur,
voici les articles.

Mr. ARGANT reculant.
Ne m'approchez pas.

LE TRAITEUR.
Hé-bien, je vais vous les lire.

QUINQUE.

LE TRAITEUR.	Mr. ARGANT.	CRISPIN & Me. ARGANT.	LE SOLDAT.
Plus, pour un a-loyau de huit-li-vres, dix francs.			
Plus, pour deux la-pins de garenne,		Monfieur le Magi-cien,	Ma foi, je n'y puis rien.
Quatre livres dix fols. ...	Quelle chienne d'antienne!	Tirez nous donc d'affaire.	Je ne fçais com-ment faire.
Plus, pour douze ortolans,			
Dix-huit livres...	C'eft trop!...	Cherchez quelque moyen.	
Item. Un pâté de perdrix,			
Fourniture & façon, marché fait, un louis.	Un pâté d'un louis!		
Plus, un gigot, fix francs...			
Cent fols pour le deffert.	C'eft trop cher;		
Monfieur, c'eft tout en confcience.	Homme ou Dia-ble, en un mot, c'eft trop cher de moitié.	(CRISPIN.) Oui, c'eft une pitié.	
C'eft tout en con-fcience.	Vous vous mo-quez je penfe, Les Diables en ont ils? ...	(CRISPIN.) Les Traiteurs en-cor moins.	
Ceffons ce badinage. J'ai, pour vous bien fervir, employé tous mes foins.			
Payez moi mon mé-moire, ou je ferai tapage			
Payez moi, [bis.]	Non ma foi, non ma foi.	Payez le, croyez moi.	payez le, croyez moi.
Sans en rabattre un fou.	Je ne fuis pas fi fou.	Il vous tordra le cou.	Il vous tordra le cou.

Mr. ARGANT.

Voilà bien des raifons; Crifpin, mets cet homme-là dehors.

CRISPIN.

Mais, si c'est un Démon.

Mr. ARGANT.

Bon ! bon ! je ne donne pas là-dedans.

CRISPIN.

Attendez, attendez, nous le verrons bien. (*bas aux autres.*) Tirons nous de-là comme nous pourrons.

LE TRAITEUR.

Ça ne convient pas, entendez-vous, Monsieur ?

CRISPIN, *fierement.*

Veux-tu t'en aller.

LE TRAITEUR.

Non. Je veux de l'argent.

CRISPIN.

Veux-tu t'en aller, te dis-je.

(*Il fait semblant d'être brûlé en touchant le Traiteur.*)

ARIETTE.

Ahi, ahi, je suis brulé,
Je suis enforcelé,
Va, fuis,
Maudit lutin,
Diable malin,
Qui nous pourfuis ;
Retourne tout à l'heure
Dans ta sombre demeure ;
Ne reparois jamais céans,
Et laisse en paix les gens.

LE TRAITEUR.

Tout le monde est fou dans cette maison.

CRISPIN.

Ma foi, Monſieur, le plus court eſt de le payer.

Mr. ARGANT.

Le ſcélerat !

LE TRAITEUR.

N'eſt-ce pas une honte de retenir le ſalaire des pauvres gens comme nous, qui ſommes continuellement dans le feu ?

Me. ARGANT.

Vous l'entendez !

LE SOLDAT.

Je vous le diſois bien que c'étoit un Démon.

Mr. ARGANT

Hé ! bien, que faut-il faire ?

LE SOLDAT.

Donnez lui ce qu'il demande, il s'en ira.

Mr. ARGANT.

Je m'en vais chercher de l'argent.

LE TRAITEUR.

Faut-il vous ſuivre ?

Mr. ARGANT.

Non, non.... Monſieur, retenez-le, je vous en prie.

LE SOLDAT, *au Traiteur.*

Si tu bouges d'ici.

LE TRAITEUR.

Non, Monſieur, non.

CRISPIN, *à Mr. Argant.*

Voyez vous comme le Magicien lui en impose.

(*Mr. Argant sort.*)

LE SOLDAT, *à Crispin.*

Ah! çà, crainte de nouvel accident ; paye cet homme-là & renvoye-le.

CRISPIN.

Le payer, avec quoi ?

LE SOLDAT.

Eh! avec l'argent que tu as reçu du Procureur.

Me. ARGANT.

Comment, petit drôle !

CRISPIN, *à part.*

Pour le coup, je crois qu'il est sorcier tout de bon. (*Il paye le Traiteur.*)

LE TRAITEUR.

Adieu.... Ah, ah, ah......

SCENE XVI.

Mr. & Me. ARGANT, CRISPIN, LE SOLDAT.

LE SOLDAT.

Hé! bien, Madame, êtes-vous contente ?

Me. ARGANT.

Affurément ; mais par quel hazard êtiez-vous fi bien inftruit ?

LE SOLDAT.

J'avois tout vû de la chambre où vous m'aviez mis.

Me. ARGANT.

De là-haut ?

LE SOLDAT.

Oui, par cet endroit où le plafond eft endommagé.

CRISPIN.

Ah ! c'eft vrai, je l'avois déjà remarqué.

M. ARGANT, *revenant avec de l'argent, ne voyant plus le Traiteur.*

Tenez, voilà votre argent.... Où eft-il donc ?...

LE SOLDAT.

Par le pouvoir de mon art, je l'ai fait fortir comme il étoit entré.

Mr. ARGANT.

Ah ! Monfieur, vous ne fçauriez croire le fervice que vous venez de me rendre ;... mais puifque vous avez tant de pouvoir fur les Démons, pourriez vous en réduire un qui me fait enrager continuellement ?

LE

LE SOLDAT.

Qui ?

Mr. ARGANT.

Ma femme.

Me. ARGANT.

Je ne vous demande rien pour mon
mari; car je défie tout votre pouvoir d'en
faire un homme aimable.

LE SOLDAT.

La chose est possible de part & d'au-
tre.

Air : *Au bord d'un clair ruisseau.*
Elle dépend de vous.
Or, voici ma recette.
(*à la femme.*) Vous, soyez moins coquette,
Il fera moins jaloux.
(*au mari.*) Vous, quand vous serez moins
Triste, chiche & severe.
Votre épouse à vous plaire
Employéra tous ses soins.

Me. ARGANT, *bas au Soldat.*

Si vous n'êtes pas sorcier, vous êtes du
moins de bon conseil, & (*haut*) de tout
mon cœur, je suivrai vos avis.

Mr. ARGANT.

Et moi de même, je vous en reponds.

LE SOLDAT.

Amnistie générale des deux côtés.
Embrassez vous, & ne songeons qu'à nous
réjouir.

E

QUATUOR.

TOUS.

Dans $\left\{\begin{array}{l}\text{notre}\\\text{votre}\end{array}\right\}$ ménage

Désormais,

$\left.\begin{array}{l}\text{Faisons}\\\text{Faites}\end{array}\right\}$ régner la paix.

CRISPIN.

Nous allons vivre en paix.

LE SOLDAT.

En mari sage
Prêtez vous à ses goûts
En femme sage,
Prévenez votre époux.

$\left.\begin{array}{l}\text{Mr. \& Me.}\\\text{ARGANT.}\\\text{Enfemble.}\end{array}\right\}$ Oui, oui, je le promets.

TOUS.

Dans $\left\{\begin{array}{l}\text{votre}\\\text{notre}\end{array}\right\}$ ménage

Désormais,

$\left.\begin{array}{l}\text{Faisons}\\\text{Faites}\end{array}\right\}$ régner la paix.

CRISPIN.

Nous allons vivre en paix.

FIN.

N° 1. *Andante.*

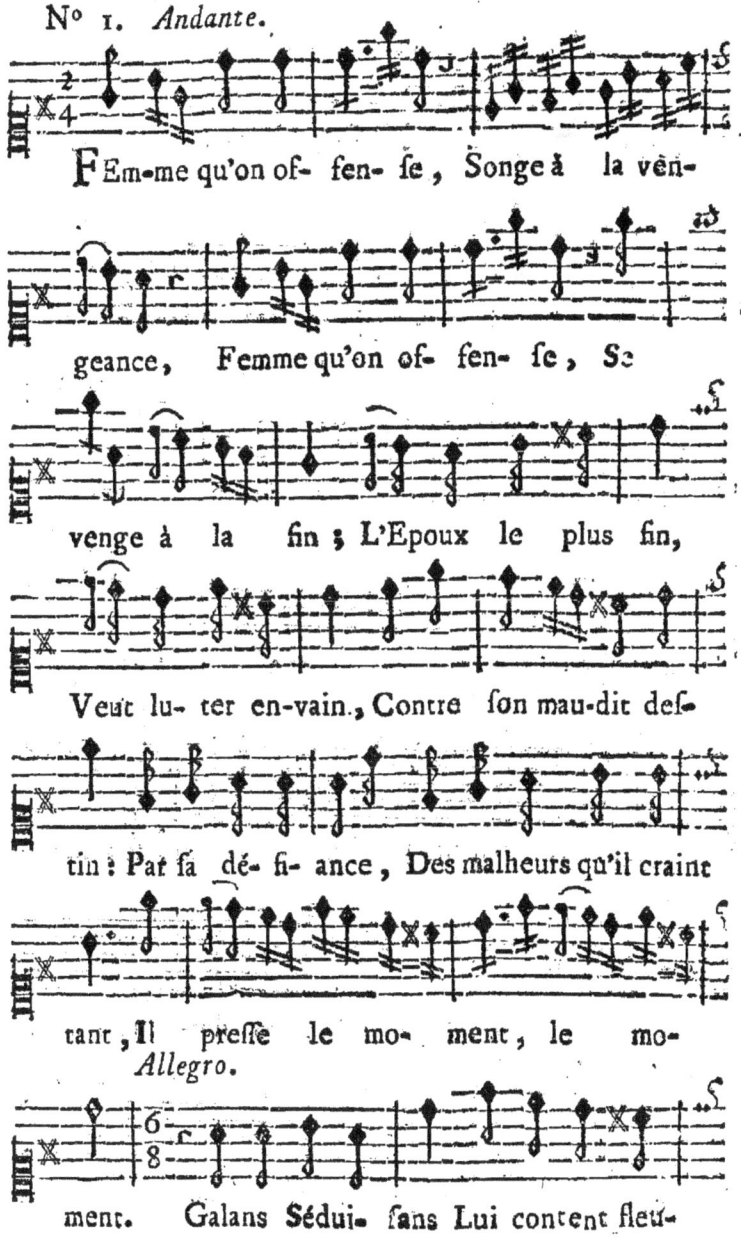

FEm-me qu'on of- fen- fe , Songe à la vên-

geance, Femme qu'on of- fen- fe , Se

venge à la fin ; L'Epoux le plus fin,

Veut lu- ter en-vain., Contre fon mau-dit def-

tin ? Par fa dé- fi- ance , Des malheurs qu'il craint

tant , Il preffe le mo- ment, le mo-

Allegro.

ment. Galans Sédui- fans Lui content fleu-

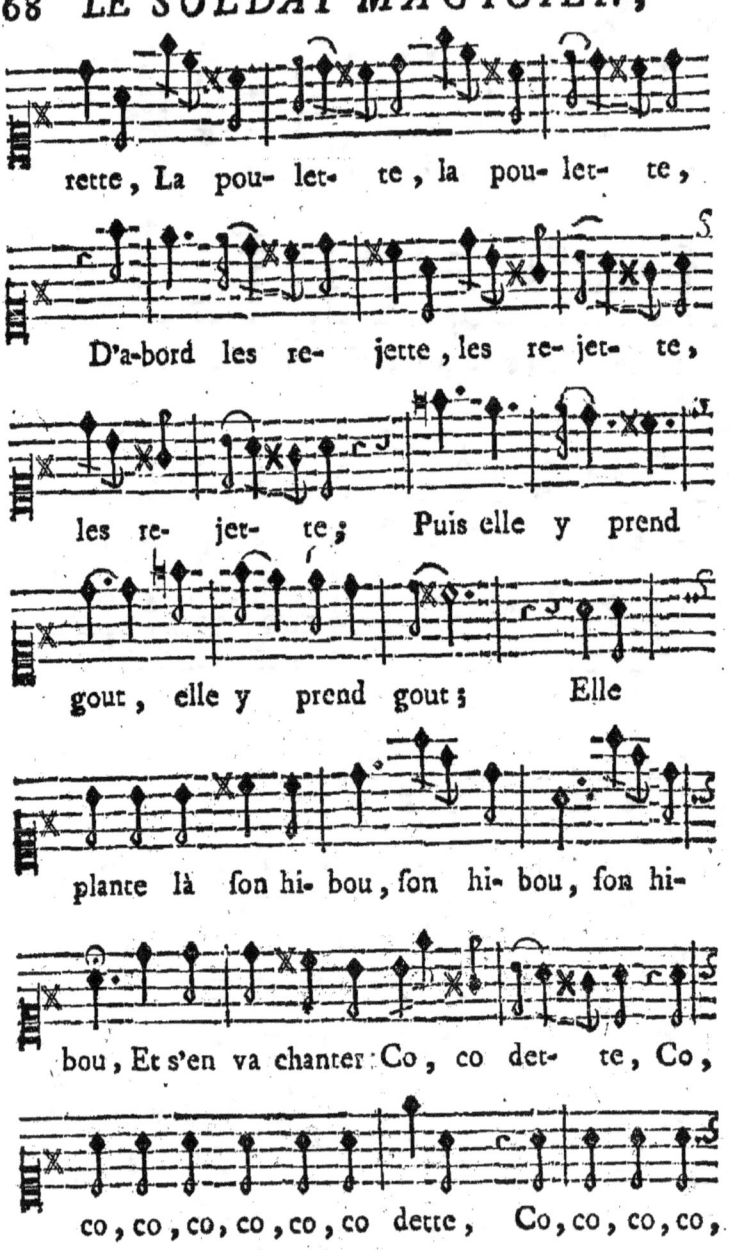

rette, La pou- let- te, la pou- let- te,

D'a-bord les re- jette, les re- jet- te,

les re- jet- te ; Puis elle y prend

gout, elle y prend gout ; Elle

plante là son hi- bou, son hi- bou, son hi-

bou, Et s'en va chanter Co, co det- te, Co,

co, co, co, co, co, co dette, Co, co, co, co,

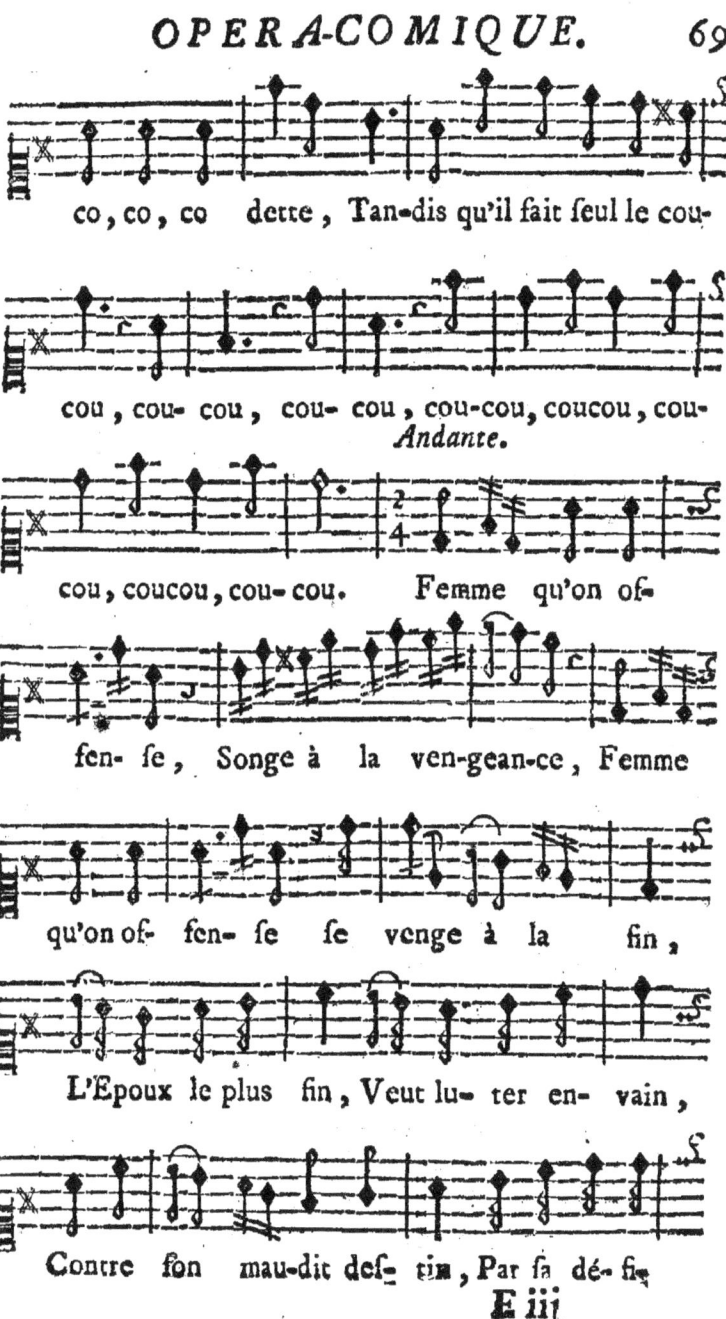

co, co, co dette, Tan-dis qu'il fait seul le cou-

cou, cou- cou, cou- cou, cou-cou, coucou, cou-

Andante.

cou, coucou, cou-cou. Femme qu'on of-

fen- se, Songe à la ven-gean-ce, Femme

qu'on of- fen- se se venge à la fin,

L'Epoux le plus fin, Veut lu- ter en- vain,

Contre fon mau-dit def- tin, Par fa dé- fi-

E iij

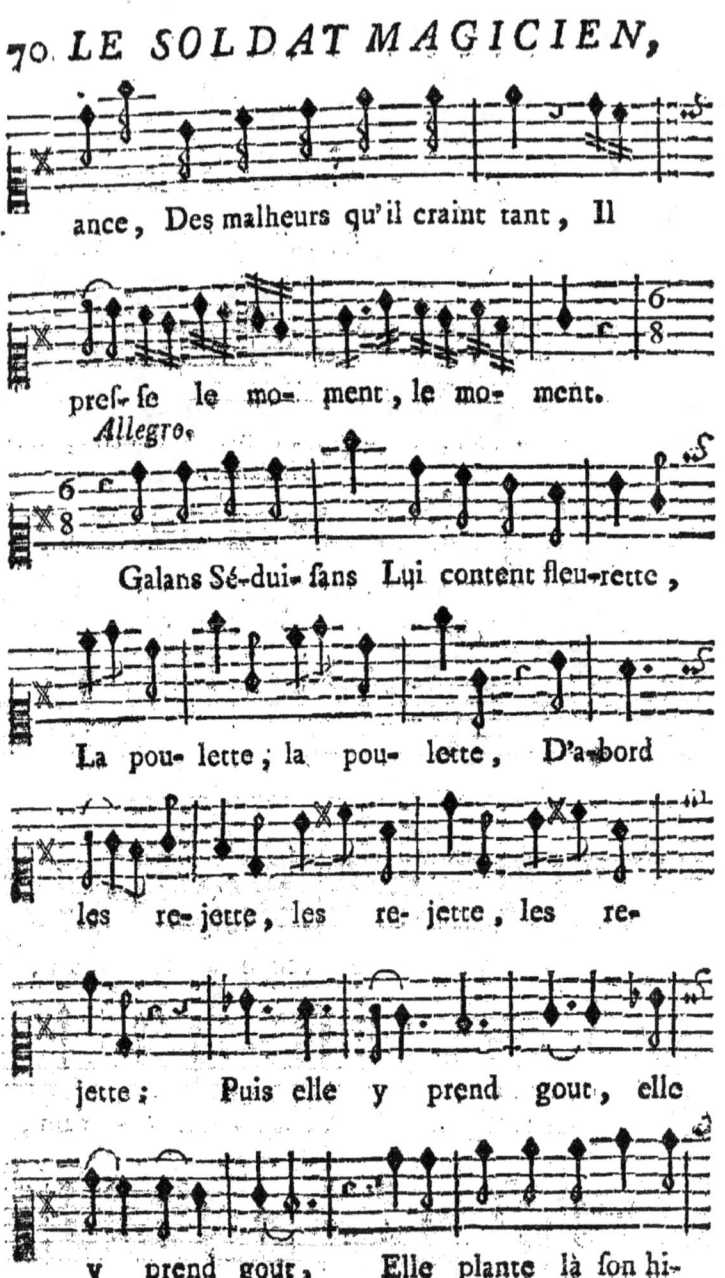

ance, Des malheurs qu'il craint tant, Il

pres= se le mo= ment, le mo= ment.

Allegro.

Galans Sé-dui= fans Lui content fleu=rette,

La pou= lette ; la pou= lette, D'a=bord

les re= jette, les re= jette, les re=

jette ; Puis elle y prend gout, elle

y prend gout, Elle plante là fon hi-

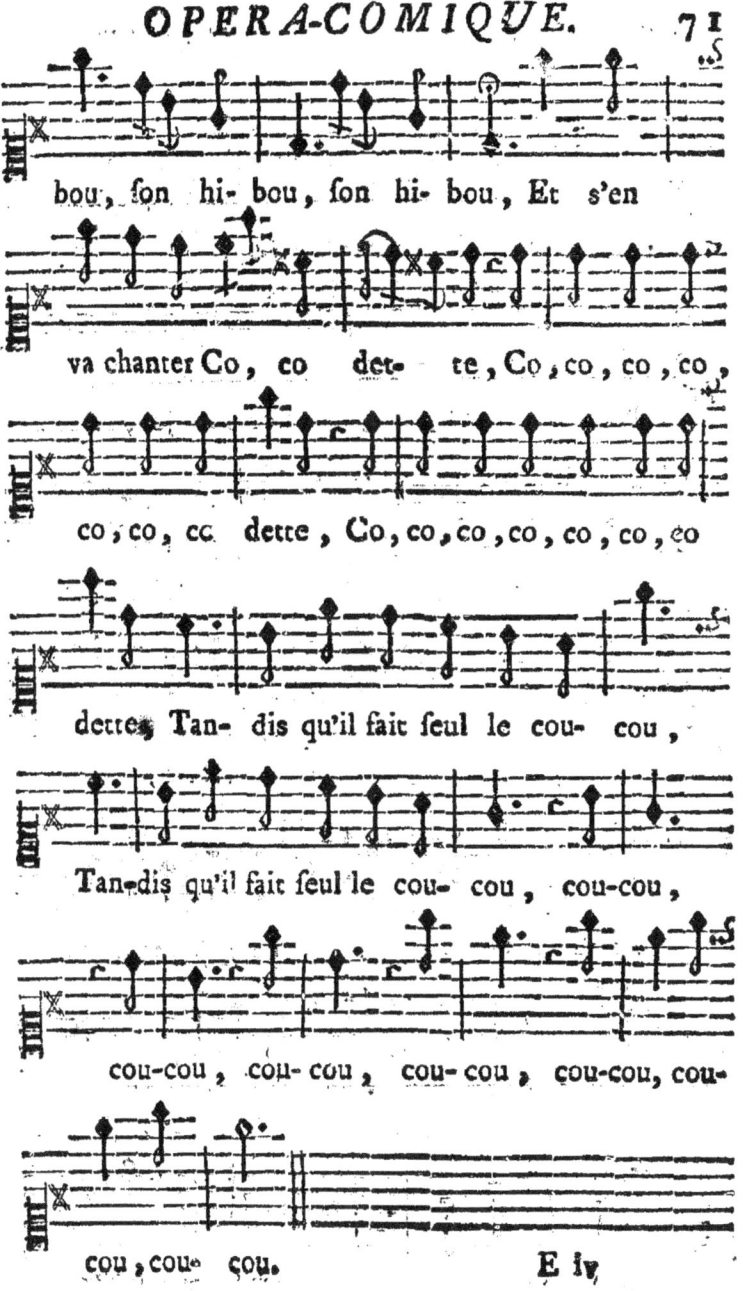

bou, fon hi-bou, fon hi-bou, Et s'en

va chanter Co, co det- te, Co, co, co, co,

co, co, co dette, Co, co, co, co, co, co, co

dette, Tan- dis qu'il fait feul le cou- cou,

Tan-dis qu'il fait feul le cou- cou, cou-cou,

cou-cou, cou-cou, cou-cou, cou-cou, cou-

cou, cou, cou.

N° 2. *Andante.*

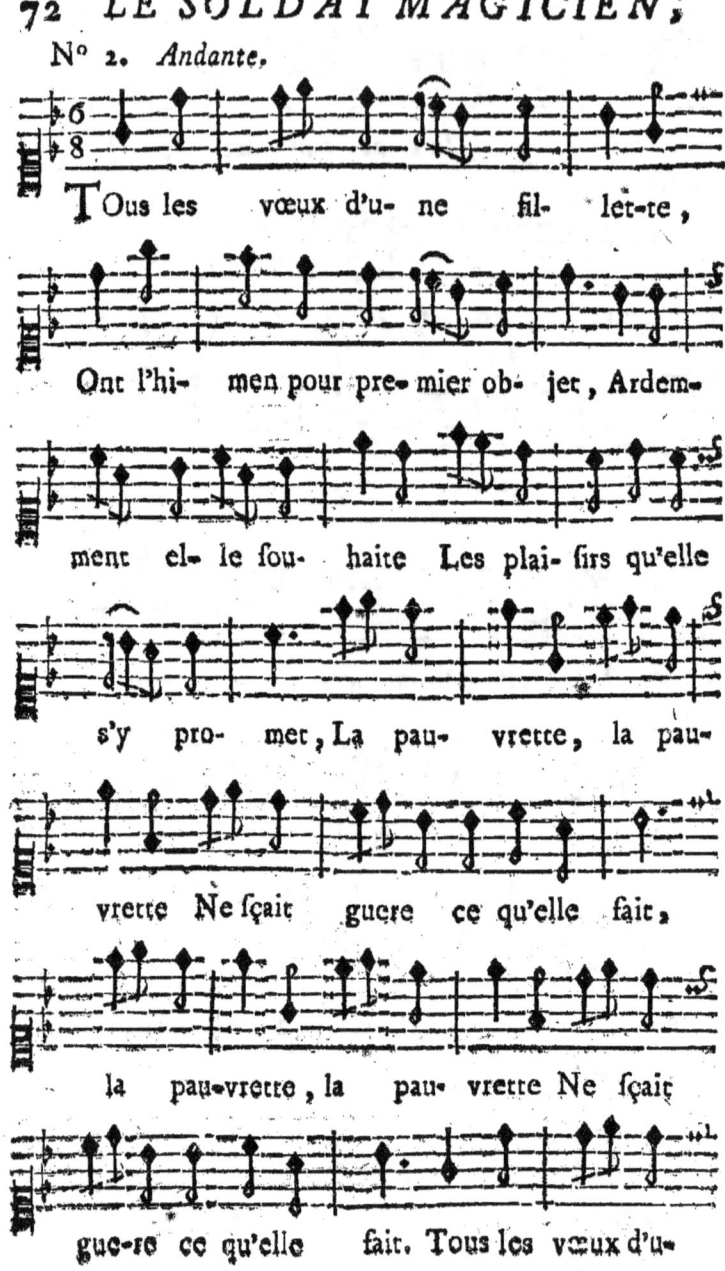

Tous les vœux d'u- ne fil- let-te,

Ont l'hi- men pour pre- mier ob- jet, Ardem-

ment el- le fou- haite Les plai- firs qu'elle

s'y pro- met, La pau- vrette, la pau-

vrette Ne fçait guere ce qu'elle fait,

la pau-vrette, la pau- vrette Ne fçait

gue-re ce qu'elle fait. Tous les vœux d'u-

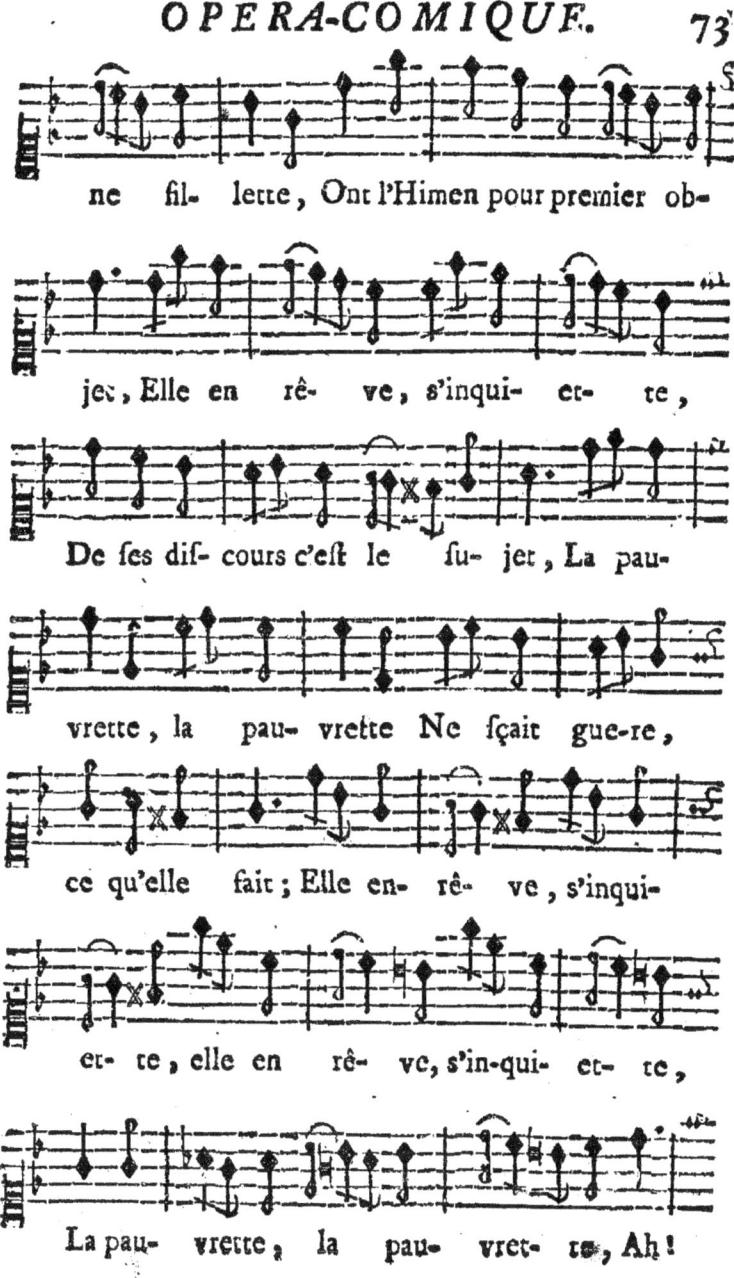

ne fil- lette, Ont l'Himen pour premier ob-

jet, Elle en rê- ve, s'inqui- et- te,

De ses dif- cours c'est le fu- jet, La pau-

vrette, la pau- vrette Ne fçait gue-re,

ce qu'elle fait; Elle en- rê- ve, s'inqui-

et- te, elle en rê- ve, s'in-qui et- te,

La pau- vrette, la pau- vret- te, Ah!

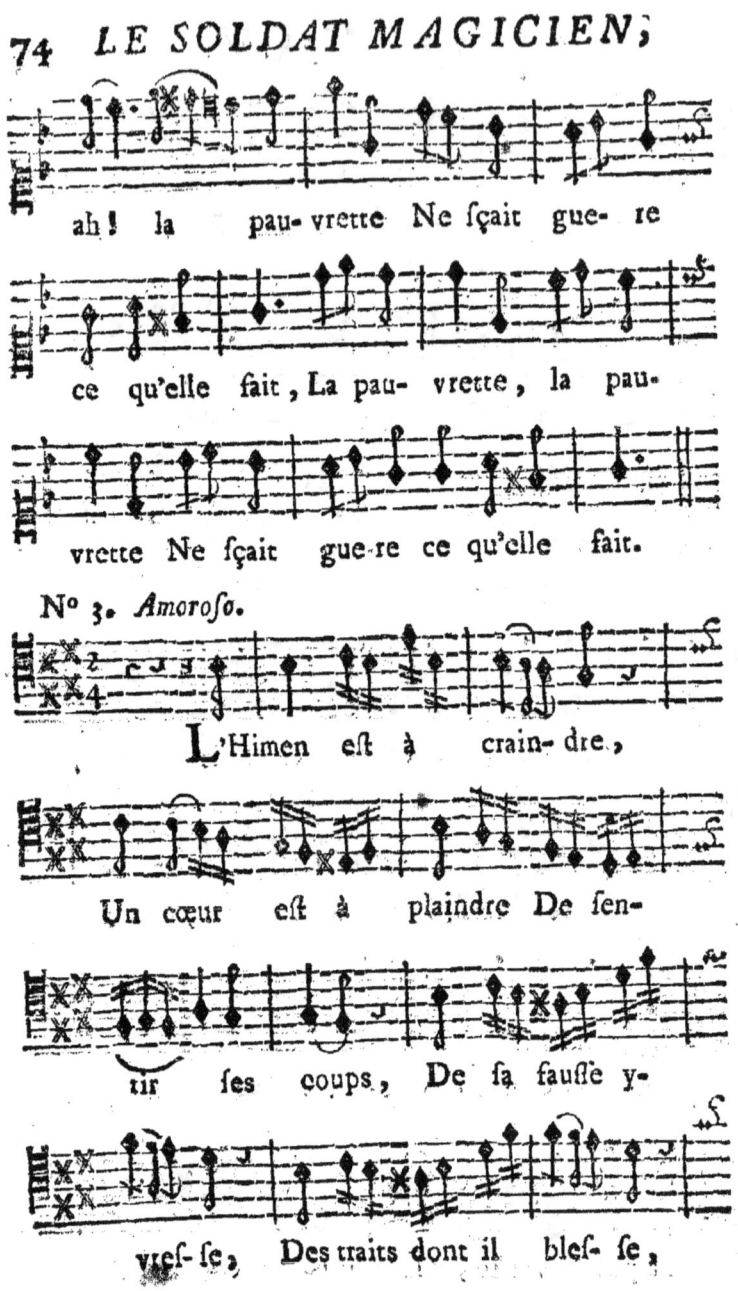

ah! la pau-vrette Ne fçait gue- re

ce qu'elle fait, La pau- vrette, la pau-

vrette Ne fçait gue-re ce qu'elle fait.

N° 3. *Amorofo.*

L'Himen eft à crain- dre,

Un cœur eft à plaindre De fen-

tir fes coups, De fa fauſſe y-

vreſ-ſe, Des traits dont il bleſ-ſe,

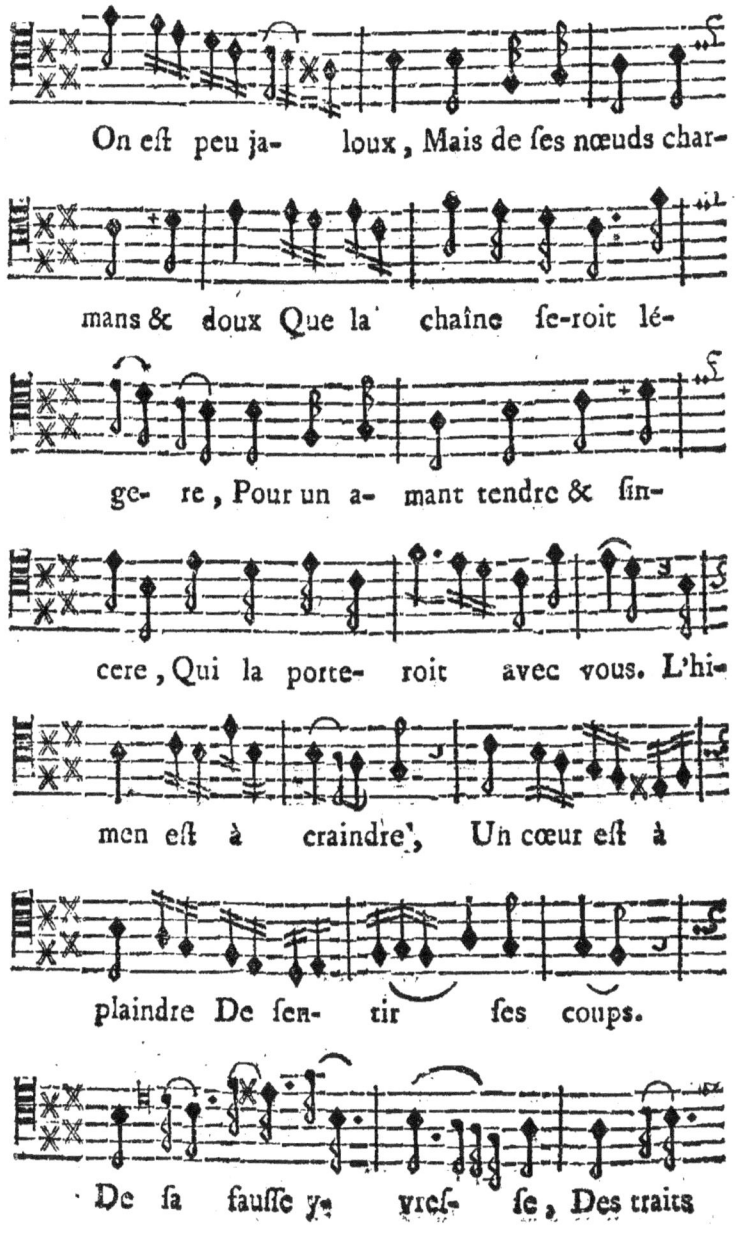

On eſt peu ja- loux, Mais de ſes nœuds char-

mans & doux Que la chaîne ſe-roit lé-

ge- re , Pour un a- mant tendre & ſin-

cere , Qui la porte- roit avec vous. L'hi-

men eſt à craindre', Un cœur eſt à

plaindre De ſen- tir ſes coups.

De ſa fauſſe y- vreſ- ſe , Des traits

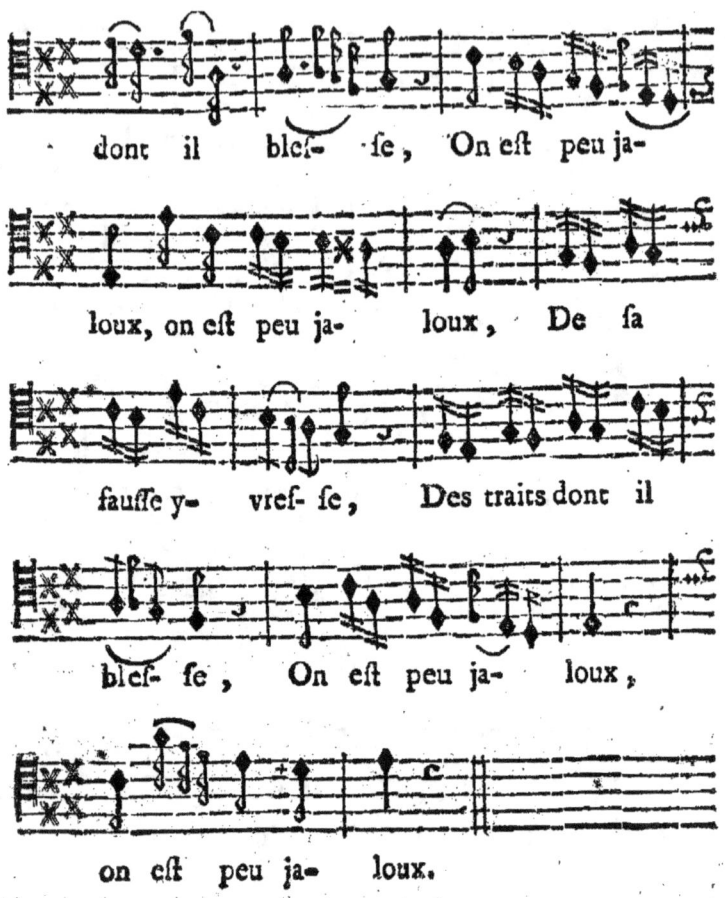

dont il blef- fe, On eft peu ja-

loux, on eft peu ja- loux, De fa

fauffe y- vref- fe, Des traits dont il

blef- fe, On eft peu ja- loux,

on eft peu ja- loux.

F I N.

Vû l'Approbation permis de repréfenter & imprimer , à la charge d'enregiftrement à la Chambre Syndicale ; ce 14 Août. 1760. DE SARTINE.

Le Privilege & l'Enrégiftrement , fe trouve à la fin du Recueil des Opera-Comiques.

Suite des Comédies Françoises & Italiennes, Parodies & Opéra-Comiques qui se vendent détachées. De M. FAVART, avec la Musique du Théâtre Italien.

Hippolite & Aricie.
Les Amans inquiets.
Les Indes dansantes.
Musique des Indes dansantes.
Les Amours champêtres.
Fanfale, Parodie.
Raton & Rosette.
Musique de Raton & Rosette.
Tircis & Doristhée.
Bajocco, Parodie.
Les Amours de Bastien & Bastienne.
Zéphyre & Fleurette.
La Fête d'Amour, Comédie.
La Bohemienne, Comédie.
La Musique de la Bohem. 2 Parties.
Les Chinois.
La Musique des Chinois.
Ninette à la Cour.
La Musique de Ninette, 4 parties.
Les Ensorcelés, ou Jeannot & Jeann.
La Nôce interrompue.
La Fille mal gardée, Parodie.
Musique de la Fille mal gardée.
La soirée des Boulevards.
Supplément à la Soirée des Boulevards.
La Musique de la soirée.
Petrine, Parodie de Proserpine.

Operas Comiques & Parodies du même.

Le Bal Bourgeois, Opera Com.
Moulinet premier.
La Servante justifiée, Opera Com.
La Chercheuse d'Esprit.
Le prix de Cythere.
Dom Guichotte, Opera.
Le Coq du Village.
Les Batteliers de S. Cloud, Op. Com.
Acajou, Opera Comique.
Musique d'Acajou.
Amours Grivois.
L'Amour au Village, Opera Com.
Thésée, Parodie.
Le Bal de Strasbourg.
La Coquette sans le sçavoir, Op. C.
La Coquette trompée, Opera C.
Cythere assiégé, Opera Comique.
Musique de Cythere assiégé.
Les jeunes Mariés, Opera Comique.
L'Amour impromptu, Parodie.
Les Nymphes de Diane, Op. Com.
Musique des Nymphes de Diane.
Le Mariage par escalade, Op. Com.
La Répétition interrompue, Op. C.
Le Retour de l'Opera Comique.
Depart de l'Opera-Comique.
La Ressource des Théâtres,

De M. VADE, avec les airs notés.

La Fileuse, Parodie.
Le Poirier, Opera Comique.
Le Bouquet du Roi.
Le Suffisant.
Les Troqueurs & le Rien, Parodie.
Airs choisis des Troqueurs.
Le Trompeur trompé.
Il étoit tems, Parodie.
La nouvelle Bastienne
Les Troyennes de Champagne.
Jerôme & Fanchonnette, Parodie.
Le Confident heureux.
Follette ou l'Enfant gâté.
Nicaise, Opera Comique.
Les Racoleurs, Opera Comique.
L'Impromptu du cœur.
Le mauvais plaisant, Opera Com.
La Canadienne, Comédie.
La Pipe cassée, Poëme.
Les Bouquets Poissards.
Les Lettres de la Grenouillere.
Le Tome quatriéme, contenant les Amans constans jusqu'au trépas, des Fables & Contes.
Le Recueil de Chansons avec la Musique.
La Veuve indécise, Parodie.
La Folle raisonnable, Opera Com.
Le Serment inutile, Comédie.
La Dupe de sa ruse, Comédie.
Le faux Ami, Comédie.

De M. ANSEAUME.

Le Monde renversé.
Bertholde à la Ville, avec les Ariettes.
Le Chinois poli en France.
Les Amans trompés, Opera Com.
La fausse Aventuriere.
Le Peintre amoureux de son Modele.
Le Docteur Sangrado, Opera Com.
Le Medecin d'Amour.
Les Ariettes du Medecin d'Amour.
Cendrillon, Opera Comique.
L'Ivrogne corrigé, Opera Comique.
Ariettes de l'Ivrogne corrigé.
Le Maître d'Ecole, Opera Comique.
Le Procès des Ariettes, Op. Com

Suite des Opera Comiques de differens Auteurs.

Le Troc, Parodie des Troqueurs avec la Musique, 3 liv. 12 sols.
Le Retour favorable.
La Rose ou les Fêtes de l'Hymen.
Le Miroir Magique.
Le Rossignol, avec la Musique.
Le Dessert des Petits Soupers.
Le Calendrier des Vieillards.

La Coupe enchantée.
Les Filles, Opera Comique.
Le Plaifir & l'Innocence.
Les Boulevards.
L'Ecole des Tuteurs.
Zephire & Flore.
La Péruvienne.
Les Fra-Maçonnes.
L'Impromptu des Harangeres.
La Bohemienne, avec la Mufique.
Le Diable à quatre, avec les Ariettes.
Les Amours Grenadiers.
La Guirlande.
Le Quartier Général, Opera Com.
Le Faux Dervis, Opera Comique.
Le Nouvellifte, Opera Comique.
Gilles, Garçon Peintre.
Le Magazin des Modernes.
L'heureux Déguisement.
Les Ariettes de l'heureux Déguisem.
La Parodie au Parnaffe.
Blaife le Savetier, Opera Comique.
La Mufique du même.
Le Maître en Droit.
Aviette du Maître en Droit.
Le Soldat Magicien, Op. Com.

Choix de Pièces du Théâtre de Campagne, repréfentées dans les fociétés, in-8°.

LEs deux Bifcuits, Tragédie.
L'Eunuque, Parade.
Agathe, ou la chafte Princeffe, Parade.
Syrop-au-cul, Tragédie.
Le Pot-de-Chambre caffé.
Madame Engueule, Parade.
Théâtre Bourgeois, in-12.
Le Marchand de Londres, Tragédie.
Momus Philofophe, Comédie.
L'Electre d'Euripide, Tragédie.
Abaillard & Héloïfe.
L'Orphelin, Tragédie Chinoife.
La Mahonnoife, Comédie.
La Méchanceté, Parodie d'Aftarbé.

PIECES ANCIENNES DE'TACHE'ES.

Tragédies.

ANdromaque, Tragédie.
Ariane, Tragédie.
Athalie, Tragédie fainte.
Catilina, Tragédie.

Cinna, Tragédie.
Electre, *de Crebillon.*
Electre *de Longepierre.*
Efther, Tragédie.
Iphigénie, Tragédie.
Manlius, Tragédie.
Médée, *de Longepierre*, Tragédie.
Penelope.
Polieucte, Tragédie Sainte.
Pirrhus, *de Crébillon.*
Rhadamifte & Zénobie.
Rodogune, Tragédie.
  Comédies par affortiment.
AVeugle clair-voyant.
Amour Medecin.
Andrienne.
Bon Soldat.
Comédie fans titre, ou le Mercure.
Coupe enchantée.
Cocher, Comédie.
Cocu imaginaire.
Crifpin Médecin.
Deuil, Comédie.
Epreuve réciproque.
Efope à la Cour.
Efope à la Ville.
Efprit Follet.
Faucon, Comédie.
Femmes fçavantes.
Femme Juge & Partie.
Galand Coureur.
Galand Jardinier.
Homme à bonnes fortunes.
Joueur, *de Regnard.*
Mari retrouvé.
Mère Coquette.
Le Méchant, Comédie.
Médée & Jafon, Parodie.
Muet, Comédie.
Nouveauté, Comédie.
Le Nouveau Monde.
Retour imprévu.
Sicilien ou l'Amour Peintre.
Trois Coufines.
Turcaret, Comédie.
Venceflas, Comédie.
Vendanges de Surenne.
  Opera Comiques.
Le Retour du Printems.
L'Amante retrouvée, Opera Com.
Les quatre Mariannes, Opera Com.
Les Pelerins de la Mecque, Opera C.
La Magie inutile.
Les Bergers de qualité, Parodie.

On trouve chez le même Libraire un affortiment général de tous les Théâtres & Pièces détachées, tant anciennes que nouvelles, avec leurs Divertiffemens, & plufieurs Livres d'affortiment, anciens & nouveaux, tant de Paris que des Pays Etrangers, & plufieurs Livres de Mufique relative aux Pièces de Théâtre, &c.

LE SOLDAT MAGICIEN,

OPERA-COMIQUE

EN UN ACTE;

*Représenté pour la premiere fois fur le Théâtre de
l'Opéra-Comique de la Foire S. Laurent,
le 14 Août 1760.*

Le prix est de 30 fols avec la Mufique.

A PARIS,

Chez DUCHESNE, Libraire, rue S. Jacques,
au-deffous de la Fontaine S. Benoît,
au Temple du Goût.

M. DCC. LX.

Avec Approbation & Privilége du Roi.

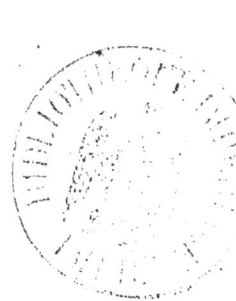

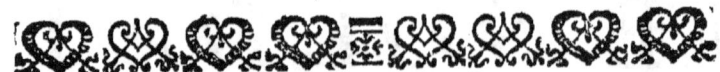

ACTEURS.

Mr. ARGANT, *Bourgeois.*   M. LA RUETTE.

Me. ARGANT, *sa femme.*   Mlle. DESCHAMPS.

CRISPIN, *Valet de M. Argant.*   Mlle. LUZY.

M. BLONDINEAU, *Procureur.*   M. CLAIRVAL.

UN SOLDAT.   M. PARANT.

UN TRAITEUR.   M. DEMIGNEAUX.

ERRATA.

Page 6. Air : *Du Gourdin*, effacez noté n°. 2.
Page 21. ARIETTE, ajoûtez, notée n°. 2.
Ibid. dernier vers, pas, *lis.* guerés.
Page 31. ligne 4. n°. *lis.* n°. 3.
Ibid. vers 9. cœur, *lis.* Amant.
Page 43. ligne 15. ajoûtez, sur le Trictrac.

La Scene est dans une Ville de Province.

www.ingramcontent.com/pod-product-compliance
Lightning Source LLC
Chambersburg PA
CBHW071421220526
45469CB00004B/1379